AF542357

LE DÉMOCRATE DEVENU COMMUNISTE

OU

RÉFUTATION

De la Brochure de M. THORÉ

INTITULÉE

DU COMMUNISME EN FRANCE,

PAR M. CABET, ANCIEN DÉPUTÉ.

PRIX : 20 CENTIMES.

PARIS,

AU BUREAU DU POPULAIRE, RUE J.-J.-ROUSSEAU, 18.

DÉPARTEMENS,

Chez les Correspondans du *Populaire*.

DÉCEMBRE 1847.

SOMMAIRE.

§. Ier. — Observations préliminaires.

§. II. — Écrivains et Écrits sur le Communisme.

§. III. — Communisme Icarien ou Communauté d'Icarie.

§. IV. — Aucune des critiques de *M. Thoré* ne peut s'appliquer au Communisme Icarien.

§. V. — *M. Thoré* est Communiste Icarien.

RÉFUTATION

DE LA BROCHURE DE M. THORÉ

INTITULÉE

DU COMMUNISME EN FRANCE.

§ Ier. — Observations préliminaires.

M. Thoré, démocrate, qui devait être rédacteur en chef du journal *la Démocratie*, qui parle au nom de la *Philosophie* et de la *Démocratie* (page 43), et au nom d'un *troisième Parti* ou d'une *troisième École* (page 17), vient de publier à Bruxelles, une brochure (déjà publiée en partie dans la *Revue indépendante* et en entier dans le *Trésor National*), sous le titre *Du Communisme en France*.

Cette brochure devrait nous transporter de joie ; car l'écrivain est réduit à dénaturer le *Communisme* pour le combattre ; les erreurs sur lesquelles il s'appuie pour le critiquer prouvent son impuissance à l'attaquer avec l'arme de la vérité ; le système qu'il veut substituer au Communisme n'est autre chose que notre *Communisme*, et tout en repoussant un Communisme imaginaire, tout en se déclarant anti-Communiste, il démontre, sans le vouloir, qu'il est réellement *Communiste* lui-même, comme nous et autant que nous.

Mais cet écrit nous pénètre d'étonnement et de douleur en nous apportant une nouvelle preuve de la facilité avec laquelle des écrivains graves, aspirant au titre de philosophes, attaquent et condamnent, devant la France et l'Europe, un Système social aussi grand et respectable dans son but, aussi vaste dans ses détails, aussi digne d'être étudié, que ce Système de la *Communauté!*

Quand des Français superficiels ou des Etrangers qui ne connaissent nos doctrines philosophiques et sociales que par les *Journaux*, par les *Revues* ou par de petits ouvrages qu'on peut lire en quelques heures, voient un écrivain prendre la peine de faire imprimer à Bruxelles une brochure écrite à Paris pour faire connaître *le Communisme en France*, ils doivent nécessairement supposer que l'auteur a longtemps étudié le *Communisme*; qu'il le connaît parfaitement, et que le tableau qu'il leur en présente est la vérité même. Comment s'étonner qu'ils méprisent et détestent le *Communisme*, si, en place du vrai Communisme qu'ils estimeraient et aimeraient, on leur présente un Communisme fictif qui peut être aussi digne d'être aimé que d'être estimé!

« J'aime *votre Communisme*, » nous disait un jeune docteur étranger à qui nous venions d'expliquer le Communisme d'*Icarie*, « et nous l'aimerions probablement tous en Allemagne si nous le connaissions bien; mais nous ne connaissons que *le Communisme* que les journaux nous ont fait connaître (celui qui invoque la violence, l'abolition de la Famille, etc.), et celui-là nous le repoussons sans vouloir en entendre parler. » — C'est tout simple, lui répondîmes-nous; mais ce n'est pas là le véritable *Communisme*.

Le *Communisme* critiqué par *M. Thoré* n'est pas non plus le vrai Communisme. Nous allons le démontrer rapidement en expliquant d'abord ce que c'est que le Communisme Icarien; puis, nous prouverons que le Démocrate est Communiste comme nous.

§ II. — Écrivains et Écrits sur le Communisme.

M. Thoré, qui dans le *Dictionnaire politique* a critiqué le *Babouvisme*, seul connu alors, attaque aujourd'hui le *Communisme*, nom nouveau qui représente une doctrine différente de celle de Babœuf. Mais où a-t-il vu le *Communisme*? où l'a-t-il connu? Ce n'est assurément pas dans les Réquisitoires des accusateurs publics et dans les journaux aristocrates ou ministériels ou anti-Communistes; car ce ne peut être là qu'un écrivain philosophe ira chercher la vérité sur le Communisme! Est-ce dans des ouvrages? Pourquoi n'indique-t-il pas ces ouvrages, en les analysant soigneusement, pour bien constater leurs doctrines et pour ne pas s'exposer à combattre des chimères?

S'il avait réuni tous les écrits qui parlent du *Communisme* moderne, il aurait trouvé :

1° *L'Histoire de la Conspiration de Babeuf*, par *Buonarotti*, en deux volumes, publiée en Belgique avant 1830, presque inconnue avant 1834, qui, comme son titre l'indique, avait pour but principal de raconter l'histoire d'une *conspiration*, qui contient quelques idées et quelques principes sur la Communauté, mais qui ne représente pas un système complet;

2° Quelques pages lithographiées, rédigées par *Lebon*, répandues en très petit nombre parmi les prisonniers de Sainte-Pélagie, en 1834, très peu connues, très rares, et contenant seulement quelques principes;

3° Le journal *l'Intelligence*, rédigé par *M. Laponneraye*, de 1837 à 1839, qui contenait des principes de Communauté sans adopter ni prononcer ce nom;

4° *Le Petit Catéchisme de la Réforme sociale*, en douze pages, publié en juin 1839, par *MM. Lahautière* et *Choron*, après leur séparation d'avec M. Laponneraye, qui demande la propriété collective, mais qui ne prononce pas même le mot de *Communauté*;

5° Le prospectus d'une Revue mensuelle sous le titre de *l'Egalité*, publié à la même époque, juin 1839, par *MM Lahautière* et *Choron*, qui parlait de *Communauté de droits et de devoirs*, sous l'invocation des noms de *Babeuf* et de *Buonarotti* comme *maîtres* et comme *guides*, mais qui n'a point été suivi de la publication de la Revue;

6e Une brochure de soixante-huit pages, sous le titre *Question proposée par l'Académie des sciences morales et politiques*, publiée en 1839, par *M. Dézamy*, invoquant *Owen*, *Babeuf* et *Buonarotti*;

7° Le *Voyage en Icarie* par *M. Cabet*, imprimé en 1838, en deux volumes, et publié en janvier 1840;

8° Une réponse en six pages, publiée par *M. Lahautière*, en janvier 1840, à un article de M. Thoré contre le Babouvisme;

9° Deux numéros de *l'Egalitaire*, journal mensuel, publié par *M. Dézamy*, etc., en mai et juin 1840, non continué;

10° Une petite prochure, *Ni châteaux ni chau-*

mières, et le 1er no d'une *Histoire des Egaux*, non achevée, publiés par *M. Pillot*, en 1840;

11o La première livraison d'un grand ouvrage sous le titre *Système unitaire*, par *E. Fresnoy*, en 1840, non continué;

12o *Le compte-rendu* du *premier banquet Communiste* à Belleville, en juillet 1840;

13o Une brochure *Comment je suis Communiste*, publiée en octobre 1840, par *M. Cabet*;

14o Une brochure, *Credo Communiste*, par le même;

15o Le *prospectus* du *Populaire*, par le même;

16o Le *Populaire*, journal mensuel commencé en mars 1841, par le même, destiné à être hebdomadaire, développant les doctrines du *Voyage en Icarie*;

17o La *Loi sociale*, par *M. Lahautière*, publiée en avril 1841;

18o *La Fraternité*, journal mensuel, par le même, commencé en mai;

19o Quatre dialogues, intitulés *Déjeuners de Pierre*, par le même;

20o *Douze lettres d'un Communiste à un Réformiste sur la Communauté*, par *M. Cabet*;

21o *La Ligne droite*, par le même;

22o *M. Lamennais réfuté par lui-même*, par *M. Dézamy*;

23o *L'Evangile du Peuple* par *M. Esquiros*;

24o La *Bible de la Liberté*, par l'abbé *Constant*;

25o L'*Assomption de la femme*, par le même;

26o *Doctrines religieuses et sociales*, par le même;

27° La première livraison de *la Communauté n'est pas une Utopie*, par *M. Pillot*, non continuée ;

28° Les trois premiers numéros du *Travail*, journal mensuel publié à Lyon, non continué ;

29° Deux numéros de *l'Humanitaire*, journal mensuel, non continué ;

30° Un numéro du *Communautaire*, non continué ;

31° Trois *Réfutations* (de *l'Humanitaire*, de l'abbé *Constant*, de *l'Atelier*), par *M. Cabet* ;

32° Le *Code de la Communauté, par M. Dézamy*,

33° La *Propagande communiste*, par *M. Cabet* ;

34° Le *Guide du citoyen*, par le même ;

35° Brochure contre M. Cabet et ses doctrines, par *M. Dézamy* ;

36° Réponse, sous le titre *Toute la vérité au Peuple*, par *M. Cabet* ;

Sans doute, beaucoup de ces ouvrages sont presque insignifians, et nous ne les mentionnons que par impartialité historique; mais quiconque voudra écrire sur le *Communisme en France* devra les connaître tous pour juger en parfaite connaissance de cause ; il devra même y joindre les *Rapports* de *MM. Mérilhou*, *Girod de l'Ain*, *Bastard de l'Etang*, dans les procès *Barbès*, *Darmès* et *Quénisset*

Si *M. Thoré* les avait examinés tous, il aurait vu que, comme le reconnaît *M. Bastard de l'Etang* dans son Rapport, les Communistes se divisent en deux catégories principales, dont l'une adopte la *Famille* et le *Mariage*, en invoquant la discussion et le consentement de l'opinion puplique, et dont l'autre demande l'abolition de la *Famille* et du *Mariage*, en invoquant le matérialisme et la force; que la deuxième catégorie est une faible *minorité*, tandis que la première comprend l'immense *majorité* des Communistes; que dans cette minorité se trouvent *l'Humanitaire*, *MM. Pillot*, *Dezamy*, *Constant*, tandis que dans la majorité se trouvent *MM. Cabet*, *Laponneraye*, *Lahautière*, *le Populaire*, *la Fraternité*, *le Travail* de Lyon.

Il aurait acquis la certitude que presque tous ces écrits ne contiennent que de la métaphysique, quelques idées et quelques principes décousus, et que, de tous ces ouvrages, le *Voyage en Icarie* (développé d'ailleurs par nos *Douze lettres sur la Communauté*, et par tous nos autres ouvrages) est le seul qui présente un SYSTÈME positif, détaillé, *complet*, raisonné, de la Communauté, avec l'indication et l'analyse de presque tous les ouvrages communistes antérieurs, et avec la réfutation de toutes les *objections* connues. Il aurait vu que le *Voyage en Icarie*, et par conséquent le système de Communauté Icarienne, ont été adoptés par l'immense majorité des Communistes; qu'une première édition a été promptement épuisée et suivie d'une seconde; que ce système est désigné sous le titre de système *Icarien*, doctrine *Icarienne*, Communisme *Icarien*; que des conférences, spontanément établies par des Ouvriers pour lire le *Voyage* et l'expliquer à leurs camarades, s'appelaient *Cours Icariens*; que les patriotes avancés ont signé, au nombre de plus de mille en représentant plus de quatre mille, une Adresse pour nous presser de faire *le Populaire* et d'y propager les doctrines Icariennes; et que plus de mille six cents Communistes ont signé publiquement, au plus fort de la persécution, une *Déclaration* solennelle qu'ils adoptaient le Communisme *Icarien*.

On pourrait donc soutenir que le *Voyage en Icarie*, plus que tout autre écrit, exprime ce qu'on appelle le *Communisme en France*, et que, quand on dit le *Communisme* sans aucune distinction, cette expression devrait désigner le *Communisme d'Icarie*, qui adopte la Famille, plutôt que celui de *l'Humanitaire*, qui repousse la Famille : mais certainement il n'est permis à personne de bonne foi de faire abstraction du *Voyage en Icarie* et du Communisme Icarien quand il s'agit de faire connaître et de juger le *Communisme en France*. Aussi, *M. Bastard de l'Etang* a-t-il soigneusement enregistré le *Voyage en Icarie* et les *Douze lettres sur la Communauté* comme contenant *l'exposé complet* de la principale doctrine Communiste ; aussi encore, tout en mutilant et en attaquant le *Voyage en Icarie*, la *Revue des Deux-Mondes* le considère-t-elle comme le véritable organe du Communisme.

Or, qu'est-ce qu'*Icarie* et le *Voyage en Icarie*?

§ III. — Communisme Icarien, ou Communauté d'Icarie.

Icarie est un grand pays comme la France, organisé d'abord pendant longtemps comme elle, mais qui, se régénérant, a transformé son ancienne organisation sociale en Communauté. — Ce n'est pas un monastère, un couvent, une petite communauté comme celle des *Esséniens* ou des *frères Moraves*, mais une grande Communauté, civilisée, riche, agricole, industrielle, comme il n'en a jamais existé auparavant. Et cette grande Communauté est organisée dans tous ses détails avec tous les progrès de la civilisation actuelle : c'est-à-dire qu'elle comprend l'organisation communautaire sous tous les rapports : — sous le rapport du territoire, des provinces, des villes, des villages et des fermes ; — sous le rapport des routes et chemins de fer, des canaux et rivières ; — sous le rapport de l'agriculture, de l'industrie, du travail ; — sous le rapport de l'éducation, de la santé ou de la médecine, de la nourriture, du vêtement, du logement et de l'ameublement ; — sous le rapport du mariage et de la famille ; — sous le rapport des sciences et des arts, des plaisirs de la société, des spectacles et des fêtes ; — sous le rapport des pouvoirs souverain ou constituant, législatif et exécutif, administratif et judiciaire, etc.

Et cette grande organisation Communautaire est exposée, non par une démonstration scientifique et métaphysique, toujours essentiellement obscure et difficile pour le Peuple, mais par des récits, par des espèces de tableaux et de peintures, bien plus sensibles et palpables, rendus plus intelligibles encore par des discussions fréquentes et l'examen des objections : c'est un voyageur qui explique et fait connaître la Communauté ; et, par exemple, pour faire connaître l'organisation de l'Industrie, il va visiter plusieurs ateliers et les décrit, visitant et décrivant ainsi les écoles, les hospices, un théâtre, une assemblée populaire, etc., etc.

Et cette *Communauté d'Icarie*, qu'est-ce ? Est-ce, comme les anti-Communistes le prétendent, le despotisme et l'esclavage, l'ignorance et l'abrutissement, l'abolition de la Famille et la Bestialité ?... — Non, non ! C'est une *Association* réelle, une *Société* véritable, dans laquelle tous les membres sont *associés* pour leur intérêt commun ; et cette Association communautaire a pour bases la Souveraineté du Peuple, la Liberté, l'Egalité, la Fraternité, l'Unité.

La Communauté d'Icarie a pour base la *Souve-*

raineté du Peuple; et dans aucun Système cette souveraineté où la *Démocratie* n'a plus de réalité, plus de puissance et d'action, puisque tous les citoyens sont électeurs, éligibles et membres des Assemblées populaires; puisque ces Assemblées sont extrêmement fréquentes et régulières; puisque toutes les précautions sont prises pour que chacun ait tenté l'instruction nécessaire à la parfaite connaissance de ses devoirs et de ses droits, avec toute l'indépendance et toutes les facilités nécessaires pour les remplir et les exercer, sans pouvoir jamais manquer aux réunions civiques; enfin, puisque c'est le Peuple entier qui prépare, discute, adopte sa Constitution et ses lois.

La Communauté d'Icarie a pour base la *Liberté*; car tout est réglé par la *loi*, qui là est bien réellement l'expression de la *volonté générale*; chaque citoyen coopère à sa confection et n'obéit qu'à la loi qu'il a faite; et cette loi, discutée par un Peuple instruit, est toujours l'œuvre de l'intelligence nationale et de la raison, et toujours faite dans l'intérêt du Peuple lui-même. Aucun autre Système ne peut présenter une Liberté plus réelle et plus parfaite.

La Communauté Icarienne a pour base *l'Egalité*, non l'Egalité mathématique et absolue, mais l'Egalité proportionnelle suivant les besoins et les moyens; l'Egalité de droits et de devoirs; l'Egalité réelle; l'Egalité en tout, en éducation, en nourriture, en vêtement, en logement, en faculté de se marier, en travail, en éligibilité, etc., etc.

Elle a pour base la *Fraternité*; l'amour prêché par l'Evangile ou par le Christianisme; la Fraternité qui ne permet pas de compter avec ses frères et de désirer, sous aucun prétexte, aucun privilége, aucun sort meilleur; la Fraternité en action; la Fraternité incrustée et vivante dans toutes les lois, dans toutes les institutions, dans tous les usages, dans tous les actes de la vie sociale.

Où trouverait-on plus d'*Unité* que dans la Communauté d'Icarie, basée sur l'Unité en tout ; sur l'Unité en territoire ou propriété ; sur l'Unité en Nation ou en Peuple ; sur l'Unité en éducation commune pour tous ; sur l'Unité en industrie (toutes les industries ne formant qu'une seule grande industrie) ; sur l'Unité en agriculture (tout le territoire ne formant qu'un seul domaine) ?

La Communauté d'Icarie est donc la réalisation de tout ce que l'esprit humain a imaginé sous les noms de *Société* ou d'*Association*, d'*intérêt public* ou *général*, de *Démocratie*, de *Liberté*, d'*Egalité*, de *Fraternité*, d'*Unité*.

Et cette Communauté prend encore pour base le *Mariage* et la *Famille* épurée et perfectionnée, sans célibat possible, sans domesticité : elle développe jusqu'à ses dernières limites l'intelligence humaine ; elle admet les *beaux-arts* et toutes les *jouissances de la civilisation* sans autre borne que la raison et l'Egalité ; elle admet les *machines* à l'infini et se propose pour but de réduire le travail de l'homme au travail de l'intelligence, au travail d'un créateur et d'un directeur de machines ; elle extirpe tous les vices et tous les crimes, soit par l'éducation, soit en ne leur laissant aucun intérêt ou aucune cause ; elle réalise l'*ordre* et la *concorde* ; enfin, ouvrant la carrière indéfinie du *progrès*, elle conduit l'Humanité à la destinée qu'une bienfaisante Nature a promise à l'intelligence de la plus noble de ses créatures.

Notre *Septième lettre d'un Communiste à un Réformiste* résumait ainsi le Communisme Icarien :

« Vous savez que la Communauté c'est l'Association ou la Société organisée sur la base de l'*égalité*, de la *fraternité*, de l'UNITÉ dans tout, dans la propriété, dans l'industrie, dans l'éducation.

» Vous savez que la Nation ne forme qu'une seule Société de citoyens, tous frères et tous égaux en droits; que le territoire ne forme qu'un seul domaine, ou une seule propriété, exploitée dans l'intérêt de tous; que toutes les industries ne forment qu'une seule industrie, dirigée et exercée dans l'intérêt commun; que tous les citoyens sont Ouvriers; que tous reçoivent la même éducation élémentaire, et l'éducation la plus parfaite; que les machines, multipliées à l'infini, rendent le travail modéré, court, agréable, sans péril, sans fatigue et sans dégoût; que la production est assez augmentée pour produire l'aisance de tous et faire disparaître entièrement la misère; que tous les produits de la terre et de l'industrie sont recueillis en commun et distribués également à tous, de manière que tous sont également bien nourris, bien vêtus, bien logés, de manière aussi que tous peuvent se marier et élever une famille, sans jamais avoir ni soucis, ni tourmens, en jouissant au contraire de tous les beaux-arts et de tous les plaisirs qui n'ont pas d'inconvéniens.

» Ce bonheur, la Communauté le donne aux femmes comme aux hommes, parce que son principe fondamental est l'égalité de droits et la fraternité entre l'homme et la femme. — Bien plus, c'est pour les femmes que sont toutes les faveurs dans la Communauté... »

Et dans son Rapport sur le procès Quénisset (envoyé, dit-on, à presque toutes les Communes de France). *M. Bastard de l'Étang* transcrit ce passage (pages 309 et 310) pour donner une idée du Communisme Icarien; puis il ajoute (chose bien remarquable!) que ce Système est SEDUISANT.

Voilà, en substance et en aperçu, le *Communisme Icarien*, ou la Communauté d'Icarie : toutes les réticences ou les altérations des critiques ne peuvent ni le changer, ni faire que *M. Bastard de l'Etang* ne l'ait pas appelé un *Système* SEDUISANT.

Sans doute ce Système est loin d'être parfait : et ne serait-ce pas un prodige inouï s'il l'était? Mais son perfectionnement sera l'œuvre du Temps et de l'Avenir, des écrivains philosophes, du Peuple réglant sa Constitution, et des Générations futures améliorant et perfectionnant sans cesse suivant les progrès de l'expérience et de la raison. Que ceux qui trouvent des défauts dans ce *Communisme* les signalent et les démontrent, gravement, sérieusement, loyalement, philosophiquement, en reconnaissant le bon, en attaquant de front le mauvais, sans éluder aucune question véritable et aucune difficulté réelle; c'est leur droit et leur devoir envers l'Humanité; c'est un service qui pourra mériter l'estime et la reconnaissance du Peuple! Mais à quoi bon les ruses, les suppositions, les omissions, les altérations? Tous ces misérables moyens ne sont-ils pas autant de puérilités indignes de la Philosophie? Si la *Communauté d'Icarie* n'est qu'une ERREUR, est-ce que la franchise, la logique, la vérité, ne suffiront pas pour la pulvériser? Et si elle est la VERITE, est-ce que le mensonge, la calomnie, l'injure, le sarcasme, le dédain affecté, le sophisme, l'argutie, la persécution même, et rien au monde, peuvent avoir la puissance d'empêcher son triomphe, plus ou moins prochain, par l'irrésistible force de l'opinion publique?

Nous allons voir qu'aucune des critiques de M. Thoré ne peut s'appliquer au *Communisme Icarien*.

§ IV. — Aucune des critiques de M. THORÉ ne peut s'appliquer au Communisme Icarien.

M. Thoré affirme que le Communisme abolit la *Famille*, le *Mariage*, la *Patrie* (pages 8 et 10).

« Une preuve, dit-il, que le Communisme n'est autre que le panthéisme (ou le *matérialisme*), c'est qu'il est la *reproduction* politique de la doctrine *Saint-Simonienne* : abolition de la *Famille* et du *Mariage*, abolition de la *Patrie*. »

Mais non, non! Rien de pareil dans la Communauté d'Icarie!

« On ne saurait objecter que le Saint-Simonisme annonçait une certaine hiérarchie, tandis que le Communisme prêche l'*Egalité absolue* et *mathématique* ; car si quelques Communistes (non, aucun!) soutiennent cet *absurde* niveau, la plupart ont pour formule : *chacun selon ses besoins* ; ce qui revient, d'une façon plus matérialiste, il est vrai, à *chacun selon sa capacité*. »

Non, les Communistes, et surtout les Icariens, repoussent la distribution inégale suivant la *capacité*, et c'est un des principaux reproches qu'ils adressent au Saint-Simonisme, comme au Fouriérisme, etc.

« Et qui doit *établir la nouvelle pratique sociale* suivant les Communistes? N'est-ce pas toujours un ou plusieurs *Dictateurs*, pareils au *Pape Saint-Simonien*? *Enfantin* ou *Icar*, le sacré Collége de Ménilmontant ou un groupe d'initiés, il n'importe! Cette *infaillibilité sacerdotale*, cette prétention à la dictature, cette NÉGATION MÉPRISANTE *de la Souveraineté du Peuple*, n'est-ce pas là encore une analogie? »

D'abord la *Dictature*, quand elle est conférée ou acceptée par le Peuple, n'est pas la négation mais l'affirmation de l'exercice de la Souveraineté du Peuple. Est-ce que la Dictature à Rome était une *négation*? Est-ce qu'elle est une négation quand, après une révolution, le Parti triomphant nomme un Gouvernement provisoire, un Consulat provisoire, comme après le 18 brumaire, un Lieutenant-général du royaume, comme en 1814 et en 1830, ou quand un Sénat nomme un Dictateur comme à Hambourg pendant l'incendie? — En second lieu, comment comparer *Enfantin* qui s'imposait, et *Icar* proclamé par le Peuple, qui lui propose et lui soumet sa Constitution, et qui la fait discuter jusqu'à ce qu'elle obtienne non seulement une grande majorité mais l'*unanimité* (Voyez *Icarie*, deuxième édition, pages 351, 358)?

« Quelle est la *Doctrine religieuse ou philosophique* des Communistes, si l'on peut appeler ainsi leurs *ignorantes* propositions? C'est justement un matérialisme *grossier*, BESTIAL, *inhumain* (page 11). »

Mais, en vérité, quoiqu'il parle d'*Icar*, M. Thoré n'a pas lu *Icarie*.

« La logique a donc fatalement jeté les Communistes à *la suite* de leurs MAITRES, *Babeuf* et *Maréchal*, dans le *matérialisme* (page 12). »

Mais si M. Thoré avait lu *Icarie*, il aurait vu que les Icariens ne prennent pour maîtres ni *Babeuf* ni *Maréchal*, mais qu'ils ont étudié des milliers de Communistes depuis Socrate, Platon, Jésus-Christ, et qu'ils ne se mettent à la suite que de l'Expérience et de la Raison!

« Le Communisme a *tort* de s'imaginer qu'il instituera la vie dans le *vague absolu*... Il n'est *pas utile* pour *fonder* (page 13). »

Mais, où est le *vague* dans Icarie? N'y a-t-on pas tout reconstruit, tout *fondé*, tout organisé?

« Le Communisme a contre la *Famille*, contre la Patrie, une *haine aveugle et exagérée* (page 13). »

Mais non, non! C'est tout le contraire en Icarie! Et cependant, l'auteur traite le Communisme d'imagination *étrange*, *absurde* (page 17)!

« Il faudrait que les Communistes déclarassent s'ils persistent à vouloir *régenter* le Monde et eux-mêmes comme sont régentés aujourd'hui les *voleurs* et les *soldats* (page 19)! »

Quoi! le régime d'Icarie est le régime actuel des *soldats* et des *voleurs* dans les *casernes* et les *prisons!*

« L'*erreur* des Communistes est de dire: *Personne ne doit être propriétaire;* ce qui, de plus, est une *absurdité;* car, en somme, il y a toujours une *propriété commune*, une richesse nationale; et chacun, y ayant participation directe ou indirecte, serait toujours *propriétaire*, ou, si l'on veut, possesseur et *consommateur de sa part*. Que la propriété soit indivise, l'*appropriation* d'une certaine part est toujours personnelle (page 28). »

Mais n'est-ce pas là la plus étrange ingénuité? N'est-il pas de toute évidence que c'est ainsi que les Communistes l'entendent? Quand ils disent que *personne ne doit être propriétaire*, cela peut-il signifier autre chose que personne ne peut être propriétaire *exclusif de la terre*, etc.? Est-il quelqu'un au monde qui ait jamais prétendu que le co-partageant n'est pas propriétaire des alimens qu'il vient d'avaler? Est-ce digne d'un philosophe de faire une pareille supposition pour pouvoir accuser d'*erreur* et d'*absurdite?*

« Ce serait fausser l'histoire et le mouvement providentiel que de vouloir l'*uniformité* (page 29). »

Mais, dans Icarie, est-ce qu'il n'y a que l'*uniformité*, sans mouvement, sans progrès?

« Le *droit de Propriété,* raisonnablement défini, est une chose humaine et salutaire, d'*institution naturelle :* cela est *si vrai* qu'il y a, en *Phrénologie*, un ORGANE pour la Propriété, et plusieurs autres organes qui s'y rapportent (page 30). »

Belle raison belle preuve! La Phrénologie est donc infaillible? Nous dirions volontiers, nous : il est de toute évidence que la Propriété de la terre est une institution humaine ; donc la Nature n'a pu donner à l'homme, après comme avant l'invention de la Propriété, un organe pour cette Propriété ; donc la Phrénologie n'est pas encore infaillible.

M. Thoré semble (page 12) accuser le Communisme de détruire la *personnalité* ou l'*individualité* humaine, et c'est, du reste, un reproche que lui adressent d'autres écrivains en se livrant à la plus obscure métaphysique. Mais c'est la plus évidente des contrevérités ; car quel Système respecte autant la *personnalité* ou l'*individualité* humaine que le Communisme Icarien, basé sur l'association, la souveraineté du Peuple, la liberté, l'égalité, la fraternité, et qui distribue à chacun sa part de droits et de devoirs? Comment la *personnalité* humaine peut-elle être mieux réalisée qu'en Icarie, où, dès sa conception et dans le sein de sa mère, dès sa naissance et jusqu'à ses premiers pas, dès la manifestation de son intelligence et pendant ses dix-sept ou dix-huit premières années, chaque enfant a le droit d'être protégé par la Communauté, nourri, vêtu, logé, instruit, élevé, même d'exercer des fonctions dans l'école, d'y devenir électeur, législateur, juré, etc.? Comment concevoir une *personnalité* plus réelle que celle de l'Icarien, qui a le droit d'acquérir toute l'instruction possible et tout le développement de son intelligence, d'être admis comme associé et comme citoyen, d'avoir une épouse et une famille, d'être électeur et éligible, de délibérer et de voter sur toutes les affaires et sur toutes les lois, enfin d'avoir sa place et sa part dans toutes les richesses, dans tous les avantages, dans toutes les jouissances, toutes les fêtes et tous les plaisirs?

Enfin, *M. Thoré* reproche au Communisme de n'avoir *aucune Doctrine formulée* (page 14). — Mais qu'il veuille donc bien indiquer une Doctrine *Démocratique, Républicaine, Réformiste, Socialiste, Religieuse*, aussi bien formulée que la Doctrine *Icarienne!*

Nous n'hésitons donc pas à conclure qu'aucun des reproches de *M. Thoré* ne peut s'appliquer au *Communisme Icarien*, et que la Communauté d'Icarie résiste à toutes les critiques, sans qu'aucune ait pu, jusqu'à présent, l'entamer et l'ébranler.

Mais *M. Thoré* annonce une *nouvelle Ecole*; et nous allons voir que cette nouvelle Ecole n'est rien autre chose que le *Communisme Icarien*, d'où il résulte que M. Thoré est réellement *Communiste* comme nous.

§ V. — M. THORÉ est Communiste Icarien.

« N'ayez pas peur, dit-il, que les *artistes* manquent pour *recomposer* le drame en vertu d'une *idée nouvelle* plus générale et avec de *nouveaux rôles* perfectionnés. Le *Grand Ordonnateur* y a pourvu de toute éternité : il se tient derrière la toile, *aidant* les aceurs de bonne volonté, et leur prêtant son *inspiration* (page 9). »

Bien! Voici le *Grand Ordonnateur* qui va *aider* et *inspirer* !

« Que les *docteurs* trouvent donc, à présent, les divisions nouvelles, le nouvel ordre social (page 11)! »

Bien! que les *docteurs* présentent leurs plans, leurs systèmes!

« Le Communisme *a raison* de nier les anciennes distinctions. Oui, l'ancienne hiérarchie, l'ancienne forme de Propriété, toutes les formes de l'ancien *Régime* sont *condamnées à mort*... Le Communisme est *utile*, comme transition, pour détruire... Il est *légitime*... Sa haine contre le passé est sans doute *nécessaire* pour *transformer* les *anciens* sentimens... La Société est encore *féodale*... La Propriété individuelle, privative, égoïste et irresponsable, a envahi les classes moyennes et crée de *petites Dynasties féodales* au sein de la multitude. Le principe du Moyen âge n'est pas détruit : il ne disparaîtra tout à fait que devant une *Religion nouvelle* ; la Révolution est à peine commencée... *Laissons donc faire* le Communisme... (pages 12 et 13). »

C'est bien approuver le Communisme! Et quand à la *Religion nouvelle*, ne la trouve-t-on pas, avec tous les principes du Christianisme, dans la Communauté d'Icarie?

« Après le Communisme, dit *M. Thoré*, se réalisera la *vraie doctrine de l'Egalité.* » — Mais formulez donc, lui dirons-nous, une doctrine de l'Egalité *plus vraie* que celle d'Icarie! Et si vous ne le pouvez pas, vous adoptez donc celle-ci!

« Les Communistes sont bien sûrs que le passé est

injuste et que le présent est *douloureux* (page 18). — Et M. Thoré pense sur ce point comme les Communistes !

« Le Communisme a des chances de se répandre parmi les Travailleurs... On s'habituera (même parmi les *Bourgeois*) à sa tendance, à l'idée de la *Réforme sociale* (pages 15 et 16). »

« Il n'est que trop constant (disait *M. Boucly*, avocat général, dans son discours de rentrée à la Cour royale) que la contagion du Communisme *gagne* et *s'infiltre* dans certains esprits... (note de la page 15). Le gouvernement lui-même fait pratiquer, sous ses ordres, le régime de la Communauté (dans les casernes et dans les prisons, dans les hôpitaux, dans les collèges); *M. Guizot* est *Communiste*, la *Cour* est *Communiste*... (pages 17, 18, 19). »

M. Thoré ne plaide-t-il pas ici pour le Communisme ?

« *Personne*, que je sache, n'avait encore fait cette observation singulière; les communistes eux-mêmes n'y ont *point songé*... Ils n'auraient pas manqué de citer l'*armée* en témoignage de la possibilité pratique du système de l'uniformité (page 19). »

Mais lisez donc le *Voyage en Icarie* et surtout, dans la *Onzième lettre d'un Communiste à un Réformiste*, le paragraphe intitulé *Elémens de la Communauté que renferme la Société actuelle*, page 141; et vous verrez bien d'autres preuves de la possibilité de la Communauté !

« Après tout, qu'est-ce donc que le Communisme, sinon *la suite logique et nécessaire* de la Révolution, même du mouvement *Bourgeois* de 89 et de la *Constituante*... *Necker* disait que l'abolition des priviléges aristocratiques conduisait nécessairement à l'abolition des grandes fortunes... (pages 20 et 21). »

N'est-ce pas encore approuver et défendre le Communisme? — Puis, M. Thoré attaque la forme de la Propriété actuelle et l'hérédité présente.

« Mais il ne s'agit pas d'ABOLIR l'*hérédité* ; au contraire, il s'agit de l'ÉTENDRE. Aujourd'hui, on hérite seulement dans la *famille* ; pourquoi n'hériterait-on pas dans la *Nation*? Chacun n'a-t-il pas droit sur la *richesse sociale* comme sur la richesse de sa famille? Ne sommes-nous pas tous *solidaires* les uns des autres? La création d'un produit quelconque n'est-elle pas le résultat d'une force *collective* et ne suppose-t-elle pas le concours d'une *foule d'auxiliaires*? Si la Fraternité n'est pas un mensonge, elle implique que la *Nation* est une FAMILLE, que l'Humanité est une FAMILLE. Si vous entendez sérieusement que nous sommes tous *frères*, cette Fraternité impose dans la Société le régime de la FAMILLE. Or que se passe-t-il dans une FAMILLE? Tous les membres participent aux *mêmes charges* et aux *mêmes avantages*, et lorsqu'un des membres est enlevé par la mort, la succession est ouverte pour *tous les parens* (page 24). »

Que pourrions-nous dire de mieux? N'est-ce pas notre langage habituel? *M. Thoré* est donc *Communiste* comme nous! Ecoutez-le citer *Châteaubriand* et *Talleyrand* :

« Ne touchera-t-on point à la *Propriété*? s'écrie M. de *Châteaubriand*. Restera-t-elle *distribuée* comme elle l'est? Une Société où des individus ont *deux millions de revenus* tandis que d'autres sont réduits à remplir leurs *bouges* de monceaux de pourriture pour y amasser des vers qui, vendus aux pêcheurs, sont le seul moyen d'existence de leurs familles ; une telle Société peut-elle rester *stationnaire* sur ses fondemens, au milieu du progrès des idées? Rien n'est possible maintenant, hors la *mort naturelle* de la Société, d'où doit sortir la *renaissance*.»

« En déclarant la *disponibilité* des biens ecclésiastiques, disait *Talleyrand* à l'Assemblée Constituante, la Nation n'a pas acquis une propriété nouvelle; elle n'a pas augmenté sa richesse, prise collectivement; elle en a fait entre ses membres, une *répartition* différente (p. 26). »

Invoquer de pareilles autorités, n'est-ce pas être *Communiste*?

« Que répondrait-on à l'orateur qui, dans une *Législature* de prolétaires, dirait : — Nous proposons d'ouvrir un grand livre de la *dette* publique consolidée; chaque propriété territoriale sera appréciée contradictoirement par les intéressés et par un Jury sorti de l'élection; le prix sera payé à divers termes convenus; et l'Etat, dès aujourd'hui, prendra *possession du sol national* (page 27). »

Et *M. Thoré* approuve, tandis que nous, nous ne croyons pas nécessaire d'exproprier les propriétaires malgré eux.

« Dans l'avenir, *tout le monde sera Propriétaire*, mais Propriétaire de quoi?... Nous allons à la *Propriété universelle*, comme au *suffrage universel*... Il faut que chacun ait *le mien*... (pages 28 et 29).

» L'enfance du pauvre est *abandonnée* sans précautions maternelles; et, dès l'âge de sept ou huit ans, le fils du prolétaire commence un rude travail, sans merci jusqu'à la mort. *Point d'instruction*, car il faut gagner son pain, au lieu de cultiver son esprit. *Jamais d'aisance*, car le salaire de chaque jour est à peine suffisant pour le nécessaire. Par conséquent, *jamais de repos*. Une enfance maladive, une jeunesse avortée, une virilité pénible, et la mort à l'hôpital; une intelligence inculte, un corps fatigué, un cœur fermé à toutes les jouissances de l'amour, de la Famille, de la sociabilité; voilà le sort que la loi réserve au pauvre, voilà *le mien*, si je suis fils de prolétaire, et cependant *le moi* du prolétaire est-il moins sacré que *le moi* du bourgeois (p. 30). »

Mais voilà précisément ce que nous disions, nous autres *Communistes! M. Thoré* parle ici comme nous; il est *Communiste* comme nous!

Tout en voulant que chacun soit Propriétaire, il reconnaît que le sol ne peut être *partagé* entre trente-quatre millions de citoyens, et il demande, au nom de la *Philosophie*, que chacun en soit Propriétaire par *indivis*, et que le sol ne puisse être un objet de Propriété effectivement *distincte* et véritablement *individuelle*; il reconnaît formellement que *Rousseau* avait raison de dire : *La terre appartient à tout le monde* (p. 32). — Mais c'est penser et parler comme les Communistes!

L'objection favorite de Louis XIV : *Cela a toujours été ainsi! Il y aura toujours des pauvres!* » ne l'arrête pas, ni le respect pour la *tradition* (p. 33). — C'est encore comme les Communistes, qui croient au progrès indéfini de l'Humanité!

« Malgré la tradition historique, si *la forme actuelle* de Propriété, c'est-à-dire la forme *privative* et *exclusive*, consacre encore l'exploitation des faibles et des pauvres, il ne faut *pas hésiter* à chercher une *forme nouvelle* sur le principe de l'*universalité*. La Propriété attribuée à quelques-uns seulement fait le malheur de l'immense majorité du Peuple; la Propriété attribuée *à tous* sauvera la Nation (p. 35). »

Bien! Mais c'est être *Communiste* comme nous!

» La propriété sociale est le droit résultant d'une FONCTION. La Société peut être considérée comme n'étant composée que de *fonctionnaires* publics. Aujourd'hui même tous les priviléges se cachent sous l'apparence d'une *fonction nécessaire*; la Royauté, la Propriété, ne se justifient qu'en prétendant exercer un *ministère utile* à la Société. »

Bien ! Mais c'est précisément ce que demande le *Voyage en Icarie*, disant que toutes les professions quelconques sont des *fonctions publiques*, et que toutes les fonctions publiques sont des *professions !*

M. Thoré demande que la fonction soit *élective* et *rétribuée*; que le traitement du fonctionnaire compose sa Propriété individuelle, et que ce traitement soit *prélevé*, en nature, sur la Propriété commune (p. 39). Il demande, pour l'enfance, l'éducation commune et gratuite; pour la virilité, la fonction élective rétribuée; et pour la vieillesse, une *retraite proportionnelle* aux services rendus (p. 40). —C'est presque le Communisme, avec cette différence que le Communisme Icarien, rétribuant également toutes les fonctions et toutes les professions, en fournissant à chacun la nourriture, le vêtement, le logement, etc., est bien plus conforme à l'Egalité et surtout à la Fraternité !

Il prétend que c'est là une *forme nouvelle* de la Propriété, et que, loin d'être détruite, la Propriété deviendrait ainsi *universelle* (p. 40). Mais dans la Communauté d'Icarie, la Propriété est bien plus universelle et nationale en n'étant que transformée; car, dans son Rapport (p. 310), *M. Bastard de l'Etang* reconnaît que le Communisme Icarien se réduit à « *substituer une forme de société à une autre, en* ORGANISANT DIFFÉREMMENT *la Propriété, l'Industrie, la Famille.* »

Enfin, *M. Thoré* demande la suppression de la *misère*, en invoquant ces paroles de *Montesquieu* : « *L'Etat doit à tous ses membres* une *subsistance* assurée, la *nourriture*, un *vêtement* convenable, et un genre de vie qui ne soit point contraire à la santé (p. 40). » — Mais c'est vouloir ce que veulent les *Communistes* !

Et il appelle tout cela une *doctrine nouvelle* qui surgira du Communisme (p. 40). — Mais ce n'est pas une *doctrine nouvelle*, c'est la doctrine du Communisme lui-même ?

« Je dirai plus : dans la distribution du travail de l'avenir, il *manque* (outre les Réformistes et les Communistes) un TROISIÈME Parti populaire, qui NE TARDERA PAS *sans doute à paraître*, s'il n'a DÉJA PARU, celui qui réclamera surtout le DÉVELOPPEMENT INTELLECTUEL du Peuple, d'ÉDUCATION *publique*, *commune et gratuite*, un Parti occupé de *morale* et de *science*, comme les Réformistes sont occupés de mécanisme politique, comme les Communistes sont occupés de l'*organisation du travail* et de la *répartition*. Tandis que les Communistes prêchent surtout l'*Egalité*, et les Réformistes surtout la *Liberté*, la TROISIÈME *Ecole* s'inspirera surtout de la FRATERNITÉ, c'est-à-dire du sentiment *religieux* qui doit unir la Liberté et l'Egalité (page 17)... Pour avoir le droit de critiquer le Communisme, il faut avoir traversé toutes les doctrines de destruction et *entrevoir* la Société sous une *forme nouvelle*. Ces POLITIQUES VRAIMENT RÉFORMATEURS ont un *grand avantage* ; ce sont les AINÉS PAR LA PENSÉE, quoiqu'ils soient ordinairement *les plus jeunes par ordre de naissance*... (page 20). Il y a *trois âges* de Politiques : 1° les Conservateurs ; 2° les Libéraux et les Communistes ; 3° Ceux qui savent qu'une ruine immense a été nécessaire pour une *construction plus grandiose*, et qui TRAVAILLENT à ce MONUMENT NOUVEAU, pleins d'espérance... *Il y a donc déjà une* DOCTRINE; qui n'est plus l'affirmation catholique et féodale, qui n'est plus la confusion des idées purement négatives, mais qui COMMENCE A PRESSENTIR un *nouveau dogme* en Religion, un *nouveau droit* en Politique (page 20). »

Ainsi, suivant *M. Thoré*, il existe déjà un *troisième* PARTI, une *troisième* ECOLE, les POLITIQUES VRAIMENT RÉFORMATEURS, qui sont les AINÉS des Conservateurs, des Libéraux et des Communistes, par la *pensée*, et qui ont déjà une DOCTRINE pour une reconstruction grandiose. Mais qui compose cette troisième Ecole, ce troisième Parti, avec M. Thoré? Pourquoi ne nomme-t-il pas les *Philosophes Politiques vraiment Réformateurs*, pour que l'autorité de leurs noms appelle l'attention sur leur Doctrine? Pourquoi n'expose-t-il pas cette *Doctrine*, ce *Monument* nouveau, ce *nouveau dogme* en Religion, ce *nouveau droit* en Politique? Pourquoi ne publie-t-il pas leur programme, leur plan, une espèce de *Voyage en Icarie* pour démontrer que la Société peut être bien organisée d'après leur doctrine, leur dogme, leur droit?

Mais malheureusement cette troisième Ecole, ce troisième Parti, ces Aînés par la pensée, ne sont encore guère avancés en âge, puisque *M. Thoré* nous dit qu'ils *manquent*, puisqu'il se borne à présumer qu'ils *ne tarderont pas à paraître* s'ils n'ont déjà paru; et s'il nous ravit en affirmant qu'*il y a déjà une* DOCTRINE, il détruit aussitôt le ravissement en ajoutant que cette Doctrine COMMENCE à PRESSENTIR un Dogme nouveau, un Droit nouveau; et que la troisième Ecole TRAVAILLE au Monument nouveau, parce qu'elle ENTREVOIT la Société sous une forme nouvelle. En vérité, le Parti, l'Ecole, la Doctrine, du Communisme Icarien, quoique relégués au deuxième rang, sont un peu plus avancés en étude, en travail, en réalité!

Et d'ailleurs, qu'est-ce, au fond, que cette vague Doctrine de cette *troisième Ecole?* Est-il vrai qu'elle soit différente du Communisme Icarien? Pour le croire et le dire, *M. Thoré* est obligé d'affirmer que le Communisme ne s'occupe que d'*organisation du travail*, de *répartition*, d'*Egalité*, et qu'il néglige l'ÉDUCATION, la MORALE, la SCIENCE, la FRATERNITÉ. Mais n'est-ce pas là la plus manifeste, la plus incontestable, la plus monstrueuse des erreurs et des contre-vérités? Nous posons en fait, nous, qu'il n'existe aucun ouvrage, ancien et moderne, *aucun*, AUCUN, en France et ailleurs, où le *développement intellectuel* du Peuple, l'*éducation*, la *morale*, la *science*, aient autant d'extension que dans le *Voyage en Icarie*, puisque la Communauté Icarienne considère ces objets comme la base de tout, comme son premier intérêt et son premier devoir; puisqu'elle consacre les dix-sept ou dix-huit premières années de l'enfance pour chaque femme et pour chaque homme, à son *éducation physique*, *intellectuelle*, *morale*, *industrielle*, *civique*, puisqu'elle enseigne à chacun d'eux les ÉLÉMENS de *toutes les sciences*, de *tous les arts*, de *toutes les professions*; et nous posons également en fait qu'il n'existe aucune Religion, aucune Doctrine, aucun ouvrage de morale et de philosophie, qui réalise plus la *Fraternité* que la Communauté d'Icarie, calquée sur le Christianisme et bien plus fraternelle que la Doctrine de cette troisième Ecole, qui veut des rétributions inégales et des retraites inégales. Tout ce que projette cette troisième Ecole se trouve donc réalisé, et mieux réalisé, par le Communisme Icarien! Cette troisième Ecole se trouve donc d'avance contenue, absorbée, éclipsée, dans la Communauté d'Icarie !

En résumé, toutes les critiques dirigées par *M. Thoré* contre le Communisme sont évidemment sans fondement, tandis que le vrai Communisme réalise parfaitement tout ce qu'il désire, ce qui démontre irrésistiblement, à notre grande satisfaction, qu'il est *Communiste* comme nous et avec nous.

20 Septembre 1842. **CABET.**

FRATERNITÉ,

ÉGALITÉ, LIBERTÉ, ASSOCIATION, UNITÉ,

COMMUNAUTÉ.

Le COMMUNISME est l'opposé de l'*Individualisme*, l'antipode de la *loi agraire* et du *partage* des terres. — C'est l'*association*, la plus étendue et la plus complète, basée sur la fraternité, l'égalité, la liberté, l'unité, fondée aussi sur l'éducation, le travail, le mariage et la famille. — C'est une *assurance* mutuelle et universelle. — C'est la réalisation de la *Démocratie*, et du *Christianisme* dans sa pureté primitive.

Ses principales formules sont : — Chacun pour tous, tous pour chacun ; — De chacun suivant ses forces et sa capacité, à chacun suivant ses besoins ; — Toute fonction est un travail, tout travail est une fonction — Propriété sociale, collective, indivise ; Etablissement de la Communauté pour la propagande légale et pacifique, par la persuasion, par la volonté individuelle et nationale ; — Régime transitoire et progressif.

GRANDE ÉMIGRATION
POUR ALLER FONDER EN AMÉRIQUE
LA COMMUNAUTÉ D'ICARIE.

Le travail diminue et le chômage augmente, le salaire baisse et le prix des loyers, etc., s'élève. Toutes les carrières sont obstruées ; la concurrence étend ses ravages ; les faillites se multiplient et des maisons solides s'écroulent ; le pain manque aux prolétaires ; la misère se généralise ; chaque jour voit des suicides ; l'avenir est gros d'orages, d'incertitude et d'effroi. — Voilà le *mal*.

Où en est la *cause* ? Elle est dans l'extension de l'industrie et dans la multiplication des machines, désordonnées, surtout dans les vices de l'organisation sociale basée sur l'*individualisme* ou l'égoïsme.

Le *remède*, selon nous Icariens, ne peut exister que dans une meilleure organisation du travail, dans l'association générale et perfectionnée, en un mot dans la Communauté Icarienne basée sur le principe chrétien de la FRATERNITÉ, entraînant comme conséquence nécessaire l'Égalité, la Liberté, l'Unité.

Cependant, quoique nous ne veuillions que la justice, l'ordre et le bonheur de tous sans exception, par des voies pacifiques et légales, on nous entrave, on nous persécute, tandis que, d'un autre côté, on ne nous laisse aucun droit, ni d'association, ni d'assemblée, ni de discussion publiques.

Dans cette situation, pour jouir de nos droits naturels et des bienfaits de la Nature, nous Icariens, hommes de conviction et de dévoûment, nous émigrons pour aller fonder en Amérique notre Communauté d'Icarie.

PRINCIPAUX OUVRAGES DE M. CABET.

HISTOIRE POPULAIRE
DE
LA RÉVOLUTION FRANÇAISE
de 1789 à 1845;

2me *Éd.* Avec ou sans gravures, 6 vol., 25 ou 20 fr.
4 vol. ont déjà paru. Les 2 autres paraîtront incessamment.

VOYAGE EN ICARIE,
4me édition. — Un vol. 3 fr.

Le même EN ALLEMAND, 4 fr.

Beaucoup de Brochures sur le Communisme.

12 LETTRES SUR LA COMMUNAUTÉ.

BIOGRAPHIE DE M. CABET.

Almanach Icarien.

LE VRAI CHRISTIANISME.
Un vol. in-18. — 2 fr. 50 cent.

RÉALISATION DE LA COMMUNAUTÉ D'ICARIE.

TYPOGRAPHIE FÉLIX MALTESTE ET Cie, RUE DES DEUX-PORTES-S. SAUVEUR, 18.

www.ingramcontent.com/pod-product-compliance
Lightning Source LLC
LaVergne TN
LVHW010011230826
846092LV00002B/758

* 9 7 8 2 0 1 9 9 8 8 2 9 6 *